Detrás del azul

Patricia Santiago

HOJAS DEL SUR
Buenos Aires
www.hojasdelsur.com

Detrás del azul
Patricia Santiago

1a edición

Editorial Hojas del Sur S.A.

Albarellos 3016
Buenos Aires, C1419FSU, Argentina
e-mail: info@hojasdelsur.com
www.hojasdelsur.com

ISBN 978-987-8310-74-9

Dirección editorial: Andrés Mego
Edición: Sami San Romé
Arte de portada e interior: AADG Studio

Santiago, Patricia
Detrás del azul / Patricia Santiago. - 1a ed. - Ciudad Autónoma de Buenos Aires : Hojas del Sur, 2021.
64 p. ; 23 x 14 cm.

ISBN 978-987-8310-74-9

1. Poesía Argentina. I. Título.
CDD A861

Prólogo

Con la responsabilidad de saber que un prólogo puede ser definitorio para empezar a leer un libro, asumo esta tarea sintiendo que será necesario invocar en cada palabra su más profundo sentido, y luego evocar a la autora, y luego reverenciar su poesía.

Solo a través del azul se me ocurre a mí es posible la palabra, ¡cuánto más azul cuando la palabra es poesía, y cuánto más azul, cuando la poesía es desde el ansia del corazón humano!

Estimado lector: este es el momento de enfrentarse a la pasión, de dejarse llevar por los caminos sin retorno del espíritu, morir para renacer en una constante donde el amor prevalece.

Detrás del azul es la búsqueda profunda del azul del alma. No estar delante, ni sobre la idea, estar detrás, allí donde la vida oculta se fermenta y se prepara para lanzarse heroica a través de la palabra, gestarse como un óvulo sagrado que se abre para unir el hilo último de la vida.

Patricia Santiago nacida en el pueblo de Alpachiri (Tucumán, Argentina) asume su misión de poeta usando dos canales que se entrecruzan permanentemente, la palabra escrita y el dibujo, en definitiva el arte, y puesto que el espacio del arte es la vida, la autora nos remite a él con sus versos.

Para cerrar el círculo y completar la obra, yo que comparto el canto de la poeta, te entrego la llave: ahora nadie más que tú lector, serás responsable de tu libertad.

En cuanto a lo de reverenciar la poesía, es también lector, tu responsabilidad.

Daniel Mora

«Después de las lágrimas, el pecho duele menos, como si, dentro nuestro, una diosa de lo humano, nos acariciara como un manantial de ternura. Me imagino que es así como la gente sigue adelante, sin saber cómo.»

SHARON OLDS

1

No quiero ser un recuerdo vago
o una palabra muerta.

Si te escribo es para encarnarme en vos,
aunque sea con el verbo latente
de una carta a lo lejos.

2

Esta distancia asesina borra todas las chances

y ya no sé si habrá reencuentro póstumo
al reencuentro.
Nuestro amor continúa a los golpes
o a los milagros, que es lo mismo.

Pretende sobrevivir a la más vil de todas las tragedias:

el olvido.

Pero se está muriendo

como una rosa en el desierto.

3

No será esta noche la que peque por solitaria,

ni este día por sus desencuentros.

Llegaremos a tiempo

para absorber la sal de todos los mares
y el fruto de todas las cosechas.

4

Tú me tocas

        yo me quemo

tú eres fuego,

        la única hoguera

que se pierde en mi cuerpo,

la única llama

        que enciende mi deseo
el que me hace sonreír
        con solo un gesto.

5

Algo levantó el vuelo de las palomas
algo espantó las mariposas.

Todas volaron, quedó el patio muerto
y el jardín
vacío.

La casa ya no engendró más hijos.

6

Transfórmame en las alas de algún ave que emigra
o en los pétalos dorados de muchos girasoles,
repíteme en el verso de tu canción más querida
llévate
          filtrado en tus poros mi perfume,

que cuando mis pies despierten
no preguntarán de quién es el llamado

                    perseguirán tu huella.

7

Guardo nuevos sueños por ahí
de donde surgen también

                    nuevas heridas.

No coinciden mis tiempos con los tiempos

que siembran y arrancan
                    utopías.

Hoy se despuebla el horizonte
encendiendo el grito que se obstina
en coincidir
          otra vez
                    con el amor.

8

Amor

pasaste.

Fuiste como un temblor efímero

que me arrastró a la periferia del mundo.

Cambiaste mi alma,

me dejaste la mirada triste

y las manos dibujando jeroglíficos.

9

Me sobrepone esta angustia
de llagas evidentes,
de sonrisas que cuestan sonreír
de lágrimas difíciles de evitar.

Vuelvo a casa con las manos desiertas
mi esencia la dejé en tu piel
                    y tu razón
desgarró la ilusión de que me amaras.

Eres el que no me amó

          el que no me mintió

el que no me importó amar
          sin ser amada.

10

El día

que ya no respire este aire limpio

y el olvido lo haya contaminado todo

cuando la atmósfera no presente enjambres
de evocaciones constantes
para las que no tenemos respuesta todavía
nos quedará la mustia certeza
de que el tiempo es un depredador
imperceptible.

11

Cierra la puerta de la cripta en que ocultas tus temores
y no insistas en regresar allí.

Aunque en planos recónditos guardes tus penas
aunque trates de esquivar lo ineludible
y te empeñes en abrazar lo inalcanzable

aunque intentes que nadie note tu fragilidad
ninguna pared es inalterable,
        ningún corazón ama
                hasta el final.

12

Devuélveme aquel minuto,
aquel instante anterior a la desdicha
cuando no te conocía
cuando no existía en mi vida ni insomnio
        ni falsedad
        ni angustia.

Le quitaste el perfume a los azahares
y solo quedó la negrura de ciertos recuerdos
que como niebla espesa
oscurecen mis días.

13

Ya no me tocas el alma,

sobre mi vientre las rosas huyen a otro jardín.

Ya no hay tatuajes en mí
nada puede identificarme con el pasado
que aunque no vuelve sigue estando
donde nadie advierte su existencia
oculto detrás de mis ideas
provocando fulmíneos contactos
con viejos registros que
a diario
se empeñan en nombrarte.

14

Hacía falta esta ruptura para llegar
a un nuevo punto de partida.

La crisis
debía tocar el fondo
el dolor tornarse insoportable
el amor acabarse como comenzó
y el corazón
sentir que moría
para poder creer que nace
cuando en realidad
vuelve a empezar.

15

El misterio sin voces golpea la tarde,
los minutos saben a nostalgia,

el espectro

otra vez sacude la ventana

dicen que es la despedida de las almas errantes.

Yo no sé

aún guardo el recuerdo

de los mensajes mutilados.

Yo no sé

aún tengo la duda

sobre aquellos presagios.

16

Quiero pintar con acuarelas los murales de mi ánimo

obligarme a la felicidad en este mundo opinable.

Yacen juntos lo grande y lo pequeño,

lo que está y lo que queda
la semilla y su núcleo latente dentro de la fosa terrenal.

Ya se preparan para ser paridos los versos de mi alma

va a reventar el fuego en estas líneas estériles.

No me debo a mí,

pero me devuelvo de los que me quitan constantemente.
No tengo fuerza
          ni luz
                    ni estructura;

puedo caer en cualquier momento
pero no temo:

me sostiene la palabra.

17

Si perdiera el miedo de soñar despierta
si abriera mis manos
por si acaso llegaras
si borrara todo desde el primer día
porque hay un secreto que tú desconoces
un pacto de tu alma

con el alma mía.

Si pudiera cambiar la tarde en que nos separamos
y fuera mas simple

sanar las heridas
o tomar tus manos

quizá entendería que causó el final.

18

No te animarás a tocar los costados de mi sangre
a copular tus ideas con las mías,

a hacer uso de la fuerza críptica que escondes
para proyectar conmigo

un nuevo amanecer.

Solo un exorcista podrá liberarme
de la energética podredumbre
de este amor.

19

Yo no sé qué parte serás de mi pasado
porque a veces

vuelvo a ser tuya cuando te recuerdo
después de olvidarte

antes de que vuelva a olvidarte

y a serte ajena

como siempre.

20

La esencia de tu desamor duele
en lo insondable de mis extremidades
y en lo profundo de mi centro,
toca toda célula dormida
mientras la inacabable sucesión
de tus recuerdos se prolonga
en cada instante.

Más humanidad necesito en este día.

Otro suspiro se exhala y se pierde,
otra lágrima se filtra entre las grietas
engendrando un nuevo desatino
buscando causas para la mayor herejía:
herir el alma encarnizadamente.

21

Quisiera destruir la brújula

que me guió por la senda equivocada.

El rocío me heló bajo el cielo invernal
cuando esperaba el alba

alguien tomó mis entrañas
y sin utilizar ningún lenguaje

reveló mis enigmas
quitándome
la oscuridad
de una manera inexplicable.

22

Inspiración
te cuajas entre el asombro y el fracaso
respondiendo a la mudez de los sucesos
con un grito desesperado
que desgarra el alma.

23

Debería haberte besado

hasta hacerte sangrar los labios.

Me arrojo otra vez a las mentiras,
pretendo encontrar la luz
en cavernas profundas.

Destrúyeme otra vez,

te lo permito.

Soy un rompecabezas

que pierde sus partes poco a poco
tú te las vas llevando

y no me devuelves los pedazos.

24

La vida y este daño

que no puedo esquivar

han transformado mi interior
en un sabio ermitaño envejecido.

25

¿Dónde quedaron los relojes
de aquel tiempo sin principio ni fin
cuando te esperaba?

Instancia lenta del suspiro postrero y anónimo
dentro de un cuerpo cada vez más exiguo.

26

Mi piel

mi cuerpo

mis insectos subterráneos

mis luchas

mis fracasos

y en todos los extremos,

la ciudad que sueño abriga tus fantasmas.

27

En lo abisal

el sabor occiduo de tus ojos

me hizo descubrir otra luz.

Dame la sensación de que te tengo
quiero libertar mis esperanzas y
meterte en mi cuerpo

como un trozo de vida.

28

Qué inmensa que se vuelve la noche
cuando las brujas se callan
qué inmensa
cuando los duendes se esconden
cuando la muerte avanza
cuando el miedo fluye
cuando el silencio retumba
cuando nadie te recuerda
cuando nadie te extraña,

cuando crees ser parte de algo
y descubres que no eres parte de nada.

29

Eras viento y tierra

pero no lluvia

    no luz

    no fuego.

Exilio apenas en mi carne,
tormenta de arena
    horadándome.

30

Asomando detrás de todas las estrellas
intento ver tu rostro.

Espero erigir sobre cimientos escasos
una pirámide con tus fragmentos.

Mi piel se agrieta en la respiración
ulterior a tu partida,
y puedo observar que como una sombra
se desplaza el silencio que flota
en todo aquello
            que no me dijiste.

Yo me quedo aquí,

en el hueco que dentro de mi alma perforó
tu ausencia.

31

No pedí mentiras
pero esperaba que del otro lado
el amor fluya
de la misma manera.

Me dormí
        amándote,
al despertar mis manos carecían
                de memorias
tu boca había olvidado mi nombre
y me invadió la duda
entre lo que vivimos
y lo que soñamos
como si por momentos fueran la misma cosa.

32

Es evidente que tu amor expiró
en aquellas lejanas noches de insomnio
cuando dejaste de llamarme
y yo me quedé en línea
viendo que ya no me extrañabas.

Te amé, te odié, te perdoné
y volví a amarte, y a odiarte
y a perdonarte
y todavía me pregunto cuando
vos dejaste de amarme
de una vez para siempre

y yo sigo recorriendo un círculo
que comienza y termina
donde tu corazón /
ya
no
me
espera.

33

Me dejaré ser lo que persigo últimamente
pensamientos
        sueños
                ideas
buscando señales que se repiten
en esta desgracia y suerte de abismo
entre mis pies y los tuyos.

34

Se despliega el papel y es un muro blanco
que reclama signos.

No sé si mis ojos
te verán volver.

Quizá cuando la lluvia haya aplacado el polvo
y la angustia sea
el recuerdo amargo que ignora
en qué carta mis palabras
se tornaron rituales silenciosos

y mis preguntas solo líneas exangües

que te negaste

a responder.

35

Hay una luz que está muriendo,
sé que la oscuridad absoluta
        traerá otra luz
y cuando el mar se calme definitivamente
en el último rincón meridional
la semilla hecha de sueños
        me dará sin miedo
sus primeros brotes.

36

Escucho pasos

ya sé quién eres,

conozco la dirección

antes de que decidas tu camino.

Un camino por donde nuevas circunstancias

te llevan lejos.

Mientras yo continúo suspendida en la urdimbre
que tejieron tus partidas reiteradas.

Sé que un día la paz me encontrará de nuevo

y en ella no habrá espacio
para tu recuerdo.

37

Arena descarnada, sedienta
desterrada y vagabunda
eso fue para mí la noche que vos
te fuiste.

Pero no estaré aquí
cuando lleguen tus recuerdos
me voy también
dejando todo
lo que huele a tu vida.

38

No te entendí
porque jamás pude ver
a través de tus ojos.

Tu corazón siempre me habló
en otro idioma.

39

Negaba tu existencia
hasta que entendí que somos diferentes.

Eres la interrogación

en el eco de la lluvia que me moja
en la cruz de lo infinito,

en la veta necesaria que surge
en la distancia,
hoy acepto
que tu dirección no es la mía.

Puedo ver que te alejas
        sin gritar tu nombre.

40

Caos sobre caos
en el inexorable comienzo de todo fin.
Sé que hay otra muerte y otra vida.

Mis ojos cerrados lo perciben.

Todo está aquí sin embargo,

dentro de lo posible

          lo imposible

y en lo casual

          lo organizado

y en el amanecer

junto al sol que se anuncia

las noches de todos los tiempos
se alejan sin tu abrazo.

41

Acuden otra vez errantes dunas
    vacilando ante mí

leyendas escritas simultáneamente.

Tenemos la suma infinita del tiempo para llegar
y un solo minuto para desaparecer.

Escóndete ahora

    todavía es posible

pasarán de nuevo

    sacrificando todo,

y los gorriones huérfanos de patria
    ya no podrán volar.

42

Tus ojos me parecían misiles
tu boca
        atizaba fuegos.

¿Aún me recuerdas?
                Yo te ofrecía amor.
¿Aún lo recuerdas?
                Y pusiste entre mis manos
                el adiós.

43

La rutina hizo de la noche

un par de cubiertos solitarios,
una silla vacía

una vela que olvidó tu nombre.

Este círculo se ha vuelto un espiral,

porque si hay algo que se repite

también hay algo

que no vuelve.

44

Nunca.

Nunca existe en la peregrinación misma
de los sueños que creemos imposibles.

Siempre

es el momento en que atravesamos el miedo

y la fe florece en nuestro ser
          despejando el camino.

45

Una quimera se encarna en la piel
mientras me embiste
tu mirada ineludible.

¿Cómo descifrar lo que dicen esos ojos
capaces de convertir

en retazos mis secretos
o incendiar el universo en un instante?
¿Cuánto necesita sufrir un corazón
para llegar a comprender

que ese amor que lo atraviesa y duele
no es amor?

46

Siento el miedo y el calvario

de un río que no quiere avanzar,

y se aferra a la búsqueda
de algo que logre detenerlo.

No sé cómo pude levantar un muro
que me aprisiona y me impide escapar,

no sé qué hice con las alas

que solían liberarme de todo
incluso de mí misma.

47

Regresaré de este amanecer
como he regresado
de otros tantos.

Hoy es el último día y en todo mi cuerpo
se enciende la nostalgia.
No es solo un viaje más.

Es el viaje donde toman vida mis proyectos
donde toma sentido mi camino.

48

Se ahogan otra vez
las alas en el mismo vaso
cuya oportuna transparencia dejó entrever tantas sospechas,

pero el amor
es ciego.

49

Solo el que espera advierte la soledad
padece su aguijón y sabe

que no hay manera

de arrancarlo.

50

Si esa imagen borrosa

que en el espejo me trasciende,
que en tu mirada me atraviesa

y que no reconozco

es una parte de mí,

me niego a ser el árbol

que el invierno desvista

irremediablemente.

51

Si te hubiera creado a mi manera
no serías así.

La herencia tal vez

se manifiesta al romper los inútiles patrones

que repetimos inconscientemente

y el dogma se trata de amar sin creernos dioses
transformando vidas que no son las nuestras.

Toda la soledad es mía

  lo reconozco y presiento que no vas a venir.

Tan solo el lienzo me espera,

los pinceles me hablan de un ser desconocido
que aprendo a transponer con mi intuición.

Nadie me ha tocado los ojos hoy

  nadie ha besado mi frente.

Me escondo entre las sábanas arrugando ciertos recodos
donde la incertidumbre
se vuelve mi amiga.

52

En el espacio estamos

despojados del miedo

y la penumbra.

El monte es una cárcel sin rejas
en eso se parece al amor.

53

Retrocede la inquietud sobre mí
        disociando miedos.
Lanzaste tu dardo sin pronunciar una promesa
yo lo recibí
        y me pregunto
dónde reside el placer de poseer lo breve,
si después lo añoramos como el perfume de la flor
que solo vive un día.

54

Es verdad que a veces necesito
un hogar aquí
en mi propio cuerpo.
Renunciar por instantes
a ser siempre el hogar de otros,

y encontrar el momento
para ser de mí misma.

55

La carne se volvió madera

y la madera piedra,

piedra desgastada por el viento...
viento sin refugio sobre la tierra.

www.ingramcontent.com/pod-product-compliance
Lightning Source LLC
LaVergne TN
LVHW090137160826
845673LV00017B/2498

9789878310749